Hubert Berger

Joachim. Sechzehn. Luftwaffenhelfer

14. Januar 1944 bis 8. Mai 1945

Hubert Berger

Joachim. Sechzehn. Luftwaffenhelfer

Inhalt

Impressum

1. Auflage

© 2019 Berger Hubert, Blumenstraße 41, 86836 Lagerlechfeld
Herstellung und Verlag: BoD – Books on Demand,
Norderstedt
Umschlaggestaltung: Marius Moll

ISBN: 9783749479733

www.sportberger.net

Vorwort

Mein Name ist Joachim, Kindersoldat im Zweiten Weltkrieg, am 22. Juli 1928 in Zwickau geboren. Meine Mutter war dort Lehrerin für Deutsch, Geschichte, Englisch, Französisch und auch Sport, der Vater Dozent für Bauwesen.

1933 zog unsere vierköpfige Familie nach Dresden auf den Loschwitzer Elbhang. Bruder Klaus wurde 1931 geboren. Wir erlebten eine wunderbare Kindheit. Mit den Kindern der Nachbarschaft gab es nette Ballspiele und kleine Radrennen im Wachwitzer Parkgelände, wo die Großeltern wohnten. Mit von der Partie war dort der Wettiner Prinz Emanuel. Dieser beschwerte sich eines Tages bei unserer Oma mit den Worten „Ihr Enkel hat mich beschimpft mit einem schlimmen Wort, beginnend mit dem 1. Buchstaben des Alphabets, und so etwas kann man einem Prinzen nicht antun!" Die Oma antwortete resolut: „Ob Prinz oder nicht, er darf es nicht wieder tun".

Von Ostern 1935 bis Ostern 1939 besuchte ich die Volksschule in Loschwitz und anschließend - nach sehr gut bestandener Aufnahmeprüfung - das König-

Georg-Gymnasium in Dresden- Johannstadt. Die jungen und sehr gut ausgebildeten Lehrer wurden leider zum Kriegsdienst eingezogen. Aber Lehrermangel wie heutzutage gab es trotzdem nicht. Es sprangen ältere Lehrer in die Bresche, teilweise schon fast im Rentenalter. Und diese erteilten uns einen ausgezeichneten Unterricht. Davon profitieren wir noch heute im hohen Alter.

Anfangs des Krieges erlebten wir Kinder mit den Eltern noch frohe Ferientage sowohl an der Ostsee als auch in den Tiroler Alpen.

Für mich gab es auch lange Radtouren nach Zittau, wo Tante und Onkel ein Papiergeschäft betrieben. Am 14. Januar wurde meine Kindheit jäh beendet: ich wurde als Luftwaffenhelfer eingezogen.

Teil 1: Einberufung zur „Heimatfront"

Langsam schlängelte sich die Straßenbahn Nr. 1 über die Löschwitzer Brücke Richtung Innenstadt. Neben mir saß mein 12-jähriger Bruder Klaus, gegenüber von uns unsere Eltern. Wir sind schon oft gemeinsam in die Innenstadt gefahren. Nur heute war die Stimmung nicht ganz so ungezwungen. Im Gesicht meiner Mutter spiegelte sich ein nachdenklicher und auch etwas sorgenvoller Ausdruck wider. Mein Vater sprach mit ruhiger, besonnener Stimme einige sinnvolle Verhaltensregeln mit mir ab. Es ging um Aufmerksamkeit, Disziplin und Vorsicht. Der Einzige, der die beschauliche Runde auflockerte, war mein Bruder, der an seinem Taschenmesser alle Funktionen ausprobierte. Unterbrochen wurden wir durch den Ruf des Straßenbahnschaffners „Königsheimplatz". Durch das Bremsgeräusch und das ruckartige Anhalten war die Aufmerksamkeit auf die geöffnete Türe gerichtet. Dort stiegen meine beiden Schulkameraden Hans und Wilhelm ein. Wilhelm wurde von seinen Eltern begleitet, Hans von seiner Mutter. Der Vater von Hans war vor einem Jahr in Russland gefallen. Nur zögerlich kam ein Gespräch zwischen uns in Gang. Vor einer Woche wäre das unvorstellbar gewesen, denn Wilhelm saß der Schalk im Nacken und er hatte immer einen Scherz auf Lager. Aber heute war es irgendwie anders. Die Stimmung in der Straßenbahn erinnerte mich heute eher an einen Kirchenbesuch. Das änderte sich auch nicht, als wir die Fetscher Straße überquerten. Die Betriebsamkeit auf den Straßen nahm jetzt etwas zu, da wir uns der Innenstadt näherten. Der Blasewitzer Straße folget die Gerokstraße und schließlich die Sachsenallee. Fast zeitnah kamen wir zur Haltestelle Sachenplatz. Bereits aus dem Fenster blickend erkannte ich eine große Betriebsamkeit. Fast die kompletten Klassen fünf und sechs des König-Georg-Gymnasiums waren bereits am Sachsenplatz versammelt. Bei vielen waren die Eltern zur moralischen Unterstützung dabei. Den alten Koffer meines Vaters in der rechten Hand und mit einem mulmigen Gefühl verließ ich als einer der Letzten die Straßenbahn und gesellte mich zu meinen Mitschülern. Lautes Stimmengewirr schlug mir entgegen und nur mit Mühe konnte ich mich in den Pulk einordnen.

Wie in der Schule hatten die bekannten Wortführer ihre Schulkameraden bereits um sich geschart, um markige Worte in die Runde zu werfen. Die laute Stimme war nicht mein Markenzeichen. Schüchtern war ich nicht, vielleicht etwas introvertiert.

Kreativität, Ideenreichtum und Spontanität waren bei mir sehr gut entwickelt, damit konnte ich mich in der Klasse ganz gut behaupten. Um zehn Uhr sollten wir abgeholt werden, doch jetzt war es bereits 11 Uhr 30. Einige Eltern verabschiedeten sich bereits von ihren Kindern und so wurde unsere Gruppe immer kleiner. Auch die anfänglich ängstliche, spannende Kommunikation hatte mittlerweile merklich abgenommen.

Die Temperatur lag bei minus 3 Grad und allmählich froren mir die Glieder ein. Da der Sachsenplatz ein Verkehrsknotenpunkt ist und laufend Menschen kommen und gehen, war zu erwarten, dass einige Passanten uns ansprechen würden. Schließlich waren nicht jeden Tag Heranwachsende unterwegs, die während der Schulzeit an einem der lebhaftesten Standorte den Verkehr behinderten und die zudem alle unterschiedlich große Gepäckstücke bei sich hatten. Die Passanten stellten uns Fragen, die wir in unserer unbekümmerten Art brav beantworteten.

Uns selbst war bis jetzt allerdings auch nicht ganz klar, warum wir hier standen. Das heutige Treffen auf dem Sachenplatz hatte seinen Ursprung in der dritten Unterrichtsstunde Mathematik vor 3 Wochen im König-Georg-Gymnasium. Ohne Vorankündigung betrat ein Unterscharführer der SS unseren Unterricht und forderte uns auf, am kommenden Wochenende zum Wehrertüchtigungslager zu kommen, um uns mustern zu lassen. Das Kommen sei Pflicht und wer diese Anordnung nicht befolge, habe mit einer Verhaftung zu rechnen.

Das hatte bei uns Heranwachsenden natürlich einen großen Eindruck hinterlassen. Uns war schon klar, dass wir uns bereits im fünften Kriegsjahr befanden und wir auch einmal Einschränkungen in Kauf nehmen müssten. Aber dieser Auftritt hatte bei uns Jungen den Krieg das erste Mal ins Klassenzimmer gebracht. Das Ergebnis der angeordneten Musterung war, dass von den rund 170 Schülern der fünften und sechsten Klassen des König-Georg-Gymnasiums etwa 135 als kriegsdiensttauglich eingestuft wurden.

Mittlerweile war es Mittag und immer noch verharrten wir frierend auf dem Sachenplatz. Mit dem 12-Uhr-Läuten der Kirchenglocke erschienen fünf Militärlastwagen mit einer Ladefläche ohne Verdeck. Zu einer geregelten Verabschiedung kam es zwischen den wenigen noch da gebliebenen Eltern und uns Zöglingen nicht mehr. Die zackigen Anweisungen der schon etwas älteren Soldaten waren kurz und eindeutig. Binnen Minuten standen wir auf der Ladefläche der Militärlaster und ohne große Umschweife ging es sofort los. Über die Innenstadt fuhren wir zum Heller. Ohne eine Essenspause wurden wir nach einer geraumen Zeit in Baracken untergebracht, getrennt nach Jahrgang 1927 und 1928. Nach den ersten Anweisungen über die nächsten Wochen im Lager wurden wir uns selbst überlassen.

Nur sehr langsam fanden wir in der Baracke unser neues Zuhause. Es war eine große Umstellung, von einem Tag auf den anderen mit 30 Schulkameraden in einem Raum zusammenzuleben und nicht mehr so ungestört wie mit seinem Bruder daheim. Erstaunlicher Weise machte mir die Umstellung nicht viel aus und ich fand mich gut in die neue Situation ein. Der einzige Nachteil waren die niedrigen Temperaturen in der Nacht. Die minus 10 Grad konnte der Kanonenofen im Raum jedoch gut ausgleichen und wir bewegten wir uns meist sogar um plus 15 Grad. Wenn einer von uns nachts aufwachte, schob er Holz im Ofen nach. Das Essen war reichlich und es schmeckte mir ausgezeichnet.

Nachdem wir die anfängliche Umstellung mehr oder weniger gut überstanden hatten, zeichnete sich ein geregelter Arbeitsablauf ab. Für die nächsten sechs Wochen war eine Grundausbildung in „Flakschießlehre" vorgesehen. Ich empfand es als eine gute Abwechslung, statt Schulstunden eine Schießausbildung zu absolvieren. Unser Ausbilder hieß Oberleutnant Willeke. Seine Ansprachen waren direkt und klar. Sein fehlendes pädagogisches Einfühlungsvermögen machte uns nichts aus, da es meist um lebenswichtige Dinge ging. Der Umgang mit ihm brachte uns von Tag zu Tag mehr

Selbstvertrauen, da er über einem reichhaltigen Erfahrungsschatz verfügte.

Seine Art, mit uns Heranwachsenden umzugehen, ließ bald die ersten Erfolge bei unserer unerfahrenen Truppe erkennen. Es stellte sich sehr schnell heraus, wer von uns Kindern im wahren Leben bestehen konnte. Die technischen Geräte weckten mein Interesse und so verbesserte ich mich beim täglichen Üben immer weiter. Unsere Batterie war mit acht Geschützen Kaliber 8,8 cm, mit einem optischen Gerät (Viermeterbasis) einem Funkmessgerät und der Umwertung, der so genannten „Malsi", ausgerüstet. Schnell zeigte sich, dass ich mich für die Umwertung sehr gut eigne. Meine neue Aufgabe wurde als „U7" bezeichnet und so war mein Tagesablauf für die nächste Zeit festgelegt. Die von der Viermeterbasis ermittelten Werte wie Höhe, Seitenrichtung und Entfernung wurden elektrisch an die Geschütze übertragen, umgerechnet und mit den Vorhaltewerten versehen. Automatisch stellte sich dann anhand der Entfernung die Zünderlaufzeit ein. Auch eine akustische Übertragung vom Umwertegerät war möglich. Dort wurden die Zielflüge auf einen Tisch in die Kartenebene übertragen. Anderseits konnten wir aber auch über bestimmte Trapeze die Werte für Sperrfeuer weitergeben.

Zur Nachtpeilung gab es noch ein spezielles Funkmessgerät, das jedoch sehr störanfällig war. Am meisten bemerkte man dies, wenn die anglo-amerikanischen Bomber sogenannte Silberstreifen abwarfen. Unser „Kinderbatterie" trainierte täglich den Ernstfall und so schafften wir es nach vier Wochen Ausbildung, vom Auslösen des Alarms bis zur Gefechtsbereitschaft die Zeit auf vier Minuten zu setzen. Dieser Wert war vergleichbar mit allen Alarmbereitschaften des Deutschen Reichs. Parallel dazu wurden wir in der Kleiderkammer mit der passenden Ausrüstung versehen. Neben dem Stahlhelm und einer Gasmaske erhielten wir noch eine Kampf- und eine Ausgehuniform. Ergänzend kam ein Drillichanzug, hohe Schuhe mit Gamaschen und ein attraktiver Kragen zum Ausgehen hinzu.

Die Mahlzeiten bekamen wir in einem Kochgeschirr. Das gute Essen, Gemüse, Fleisch, Soße, Teigwaren kam in das Geschirr und die Pellkartoffeln in die Mütze. So war es nicht verwunderlich, dass ich mein Körpergewicht innerhalb von einem Monat tatsächlich um drei Kilogramm erhöhen konnte. Einmal pro Woche gab es süße Nudeln in Milch, das war für mich jedes Mal ein Leckerbissen, für meine Kumpels war es eher gewöhnungsbedürftig und ich konnte mir jedes Mal den Bauch richtig vollschlagen. Da wir weiterhin getrennt von unseren Unteroffizieren und Offizieren in unserer Baracke lebten, entwickelte sich bei uns eine verschworene Gemeinschaft. Neben den normalen Bubenstreichen organisierten wir für uns das eine und andere Ereignis, um unserer jugendlichen Neugier gerecht zu werden.

Neben dem täglichen Drill wurden uns gewisse Privilegien zugestanden. Einmal pro Woche konnten wir für ein paar Stunden unsere Stellung verlassen. Diese Zeit nutzten wir oft dazu, unsere Eltern zu besuchen. Meist brachten wir ihnen Kleinigkeiten zum Essen mit. Kunsthonig war dabei sehr beliebt. Im März 1944 wurden wir in das Hotel „Alberthöhe" in Hellerau umquartiert. Die Unterkunft war zwei Kilometer von unserer Stellung entfernt und so mussten wir bei jedem Probealarm diesen Streckenabschnitt im Laufschritt bewältigen. Für mich war dieser Lauf immer eine Herausforderung, um als erster in der Flakstellung anzukommen. Bei jedem Probealarm mussten wir alles stehen und liegen lassen und uns schnellstens zu unseren Abschussstellungen bewegen.

Es konnte vorkommen, dass wir täglich fünf Alarmsituationen simulierten. Durch das Ausdauertraining erlangten wir eine besondere Fitness. In der Stellung wurden die Abläufe immer und immer wieder geprobt, um schnellstmöglich die Kampfbereitschaft herzustellen. Laufend wurden meine Mitschüler an verschiedenen Stellen ausprobiert, um die Gefechtsfertigmeldung noch zu perfektionieren. Meine Aufgabe als „U7" beherrschte ich von Tag zu Tag immer besser. Diese abenteuerlichen Aufgaben gefielen uns Jugendlichen. Und so sahen wir uns bereits als ein unüberwindbares Bollwerk gegenüber den anglo-amerikanischen Luftstreitkräften. Deshalb gefiel es uns auch überhaupt nicht, als in der Alberthöhe bei Alarmpausen wieder der Schulunterricht eingeführt wurde. Neben Englisch und Deutsch wurde noch Mathematik gelehrt. Natürlich fiel uns die Umstellung schwer. Wir hatten uns gerade an den militärischen Drill gewöhnt, unsere körperlichen Fähigkeiten gestärkt und uns mental auf die Verteidigung unseres Vaterlandes eingestellt. Das ruhige Sitzen in der Hotellobby, das Erlernen von neuen Vokabeln und das Auftreten des neuen Lehrers brachten unseren Soldatenalltag durcheinander. Jetzt konnte es vorkommen, dass wir nach der Hälfte der Deutschstunde schnellstens unsere Verteidigungsbereitschaft in der zwei Kilometer entfernten Stellung erbringen mussten.

Diese Neuerung weckt bei uns Heranwachsenden wieder unsere kindliche Unbekümmertheit und wir reagierten mit einigen Jungenstreichen, die bei der betroffenen Lehrkraft nicht immer Freude auslösten. Wir waren inzwischen bereits den fünften Monat in unserer Ausbildung, die kalten Wintermonate waren vorbei und der Frühling ins Land gezogen. Alle vier Jahre ist die Maikäferpopulation so stark, dass diese surrende und schwerfällig fliegende Spezies in großen Mengen auftrat. Das machten wir uns zu eigen. Vor dem Englischunterricht sammelten wir über 50 Käfer ein und versteckten diese in dem im Unterrichtsraum befindlichen Briefkasten. Unser Lehrer, Herr Jakoby bemerkte nach kurzer Unterrichtszeit und dem Ausfragen von speziellen Vokabeln ein monotones Brummen im Klassenzimmer. Er schenkte dem neuen Geräusch anfangs noch keine große Bedeutung und fuhr mit dem Unterricht fort. Da es den Krabbeltierchen in ihrer neuen Behausung immer weniger gefiel, wurde das Surren jetzt so laut, dass unser Lehrer dem Anfangsverdacht eines nichtdefinierbaren Geräusches jetzt auf den Grund ging. Schnell konnte er den Lärmpegel eingrenzen und stand jetzt gespannt vor besagtem Briefkasten. Dieser konnte mit einem einfachen Hebel geöffnet werden. Natürlich waren wir neugierig, wie Herr Jakoby unseren Jungenbubenstreich verarbeiten würde, wenn er die Verriegelung löste. Das überlaute Brummen der Krabbeltiere wurde von unserem schallenden Gelächter noch weit übertroffen. Geschockt und völlig überrascht wendete sich unsere Lehrkraft wieder uns zu. Zuerst reagierte er streng, ging dann aber doch entspannt mit diesem gelungenen Streich um.

Die Stunde war gelaufen, die Englischvokabeln waren nicht mehr wichtig und nur nach großer Anstrengung gelang es uns, die Maikäfer aus dem Unterrichtsraum zu entfernen. Dieser Streich tat uns Kindern einfach gut. Der Krieg wurde für einen kurzen Augenblick aus unseren Köpfen vertrieben und unsere natürliche, kindliche Unbekümmertheit brachte uns zum ersten Mal zum Nachdenken, ob das, was wir hier machen, auch in Ordnung sei. In den nächsten Tagen wurde noch mehrmals über unseren Schabernack mit einem Schmunzeln in der Stellung gesprochen. In dieser Unbekümmertheit vergingen die nächsten Tage wie im Fluge.

Das änderte sich allerding im Mai 1944. Unsere Einheit wurde zu einem Übungsschießen nach Stolpmünde (Pommern)beordert. Hier holte uns die Realität sofort ein. Beim Spiegelbildschießen hätte es beinahe ein Unglück gegeben. Man hatte vergessen, den Umpoler einzuschalten. Die normalerweise drei Sekunden lang erklingende Feuerglocke war fast abgeklungen, als der Fehler gerade noch erkannt wurde. Den Schreck konnten wir nur langsam verarbeiten. Dabei half uns der Umstand, dass unser Batteriekoch zum Chefkoch aufgestiegen war und uns immer ein wenig bevorzuge. Nach Tagen der intensiven Übungen ging es Ende Mai wieder zurück nach Dresden. Gerade angekommen erfuhren wir von der Landung der Alliierten in der Normandie.

Jetzt war das eingetroffen, was niemand für möglich gehalten hatte. Es begann das große Verschieben von Truppen im Reich. Zeitnah wurde unsere Stellung nach Rochwitz verlegt. Nach kurzer Zeit kehrte etwas Ruhe ein und es begann wieder unser eingeschränkter Schulunterricht. Der tägliche Drill und das Lernen wurden daneben in aller Entschlossenheit weitergeführt.

Die Stellung mit den Luftabwehrgeschützen 8,8 hatte absolute Priorität. Schwänzte man eine Schulstunde, war dies nicht so schlimm und man sah darüber schon einmal großzügig hinweg. Ein Fernbleiben vom Schulunterricht brachte mich jedoch ganz schnell in eine schwierige Situation. Da Rochwitz nicht allzu weit vom Loschwitzer Veilchenweg, meinem Elternhaus in Dresden, entfernt ist, verzichtete ich auf eine dieser Unterrichtsstunden und fuhr mit dem Fahrrad nach Hause. Einer herzlichen Begrüßung folgte das Mittagessen, das zu diesem Zeitpunkt nicht mehr so üppig ausfiel, da man bereits Lebensmittelmarken benötigte, um einkaufen zu können. Gerade als meine Mutter mit der Gaze den zweiten Nachschlag in meinen Teller leeren wollte, hörten wir vom eingeschalteten Volksempfänger, dass feindliche Flugzeuge im Anflug auf Braunschweig seien. Schnell ließ ich meinen Löffel fallen und war binnen kürzester Zeit auf dem Fahrrad. Den Schreck noch in den

Knochen meisterte ich die steilen Anstiege der Robert-Dietz- Straße und Krügerstraße und erreichte gerade noch rechtzeitig unsere Flakstellung. Die knapp fünf Kilometer lange Strecke bin ich wohl in Rekordzeit gefahren. Geholfen hat mir dabei, dass ich bereits seit meinem siebten Lebensjahr kleine Radrennen bestritten hatte. Binnen vier Minuten war unsere Stellung feuerbereit und wir warteten auf unseren ersten Abwehrkampf. Nach fünfzehn spannenden Minuten gab unsere Luftüberwachung Entwarnung, da der komplette feindliche Verband in Richtung Süden abgedreht hatte. Natürlich wurde mein Schulschwänzen sanktioniert und ich musste in der nächsten Zeit vermehrt Wache schieben.

Anfang Juli 1944 erhielt ich ein paar Tage Urlaub, um mit meiner Mutter und meinem Bruder Bekannte in Pasing bei München zu besuchen. Zuerst verlief die Fahrt ganz normal. Kurz danach blieb unser Zug auf freier Strecke plötzlich stehen. Erste Stimmen machten sich breit, die über Luftangriffe englischer Bomberverbände auf München berichteten. Aus dem Urlaub wurde nichts und ich verbrachte die restlichen Tage in Dresden im Kreise meiner Familie.

Teil 2: Schortau

Am 21. Juli 1944 kehrte ich nach Rochwitz zurück. Zu meiner Überraschung war unsere Stellung verlassen, einschließlich aller Gerätschaften. Unsere Flakbatterie war in meiner Abwesenheit nach Schortau im Geisental verlegt worden zum Schutz des Leunawerkes. Natürlich musste ich nachreisen. Das war aber nicht so einfach, da die Straßenbahnstrecke von Merseburg nach Bad Dürrenberg durch Bombenangriffe so zerstört worden war, dass keine Fahrt möglich war. Aber irgendwie musste ich ja unsere neue Stellung erreichen. Als Soldat, auch wenn man noch sehr jung war, ohne Marschbefehl aufgegriffen zu werden, konnte sehr schnell unrühmlich enden. Ich entschloss mich, den weiten Weg nach Schortau zu Fuß zu bewältigen. Mein schweres Gepäck stellte ich in der Weißenfelser Straße ab. Abgekämpft, hundemüde und völlig am Ende erreichte ich unsere Einheit in Schortau. Zum Glück fuhren am nächsten Tag die Straßenbahnen wieder und ich konnte mein deponiertes, schweres Gepäck abholen. Am 22. Juli 1944, meinem 16. Geburtstag war offenkundig, dass der Krieg unsere beschauliche Heimat erreicht hatte. Es tauchten immer wieder einzelne amerikanische

Bomberverbände auf. Nur wenige Tage später wurde ich in Merseburg von einem Angriff überrascht.

Das Geheule der herabfallenden Bomben mit ihrem kurz später krachenden Aufprallgeräusch beunruhigte mich sehr und ich spürte die Angst hautnah. Unweit von mir gab es zwei Volltreffer durch Sprengbomben, die aus den kurz zuvor noch hier stehenden Häusern nur noch Ruinen übrigließen. Nach einer geraumen Zeit habe ich mich in Schortau gut eingelebt. Hier wurde größtenteils Braunkohle gefördert und die Gegend hatte einen typischen ländlichen Charakter, der mir bis auf den Silagegeruch sehr gut gefiel.

Aus den Übungen, die wir in der Alberthöhe in Hellerau noch trainiert hatten, wurde von heute auf morgen schlagartig bitterer Ernst. In mehrtägigen Abständen flogen jetzt die viermotorigen Bomber der englischen und amerikanischen Verbände Tagesangriffe auf die Leunawerke, um ihre tödliche Fracht abzuladen. Sie flogen in etwa 7000 Meter Höhe mit konstanter Geschwindigkeit. Die fast nicht endenden fliegenden Festungen spiegelten sich in der Sonne wie Sterne am Himmel. Jetzt griff ich persönlich das erste Mal in das Kriegsgeschehen ein. Als Bediener des Umwertegerätes „Malsi U7" stand ich im Mittelpunkt des Kampfes. Wir gaben die Zielwerte direkt an die Geschütze weiter in Form von Sperrfeuer in die vorgesehenen Planquadrate. Unsere „Malsi" erwies sich als sehr effektiv und so erzielten wir mehrere Abschüsse der mächtigen fliegenden Festungen. Bei unserem ersten Einsatz holten wir fünf gegnerische Bomber vom Himmel. Man konnte sehr gut erkennen, wie die Granaten Flugzeuge getroffen hatten, diese dann ins Trudeln gerieten, die Besatzung mit Fallschirmen aus den brennenden Stahlkolossen sprang und das Wrack anschließend mit ungebremster Wucht am Boden einschlug und brannte. Einer der abgeschossenen amerikanischen Piloten landete unmittelbar in unserer Stellung.

Wir jungen Buben staunten am meisten über die großartige Bekleidung des abgesprungenen Piloten. Alles aus feinstem Leder, am Kragen war ein Pelzbesatz und die Schuhe waren von allerbester Qualität. Er sprach in einem gebrochenen Deutsch: „Deutscher Soldat gut, aber zu wenig"! Nachdem unser Einsatz beendet war, konnten wir einen Tag zu unserer freien Gestaltung nutzen. Eines der abgeschossenen Flugzeuge zerschellte unweit unserer Stellung auf einer Wiese in der Nähe eines Dorfes. Von Neugier getrieben suchten wir am Abend nach dem Fundort und erbeuteten diverse elektrische Artikel, die nicht komplett zerstört worden waren.

Ganz ähnlich vergingen die nächsten Wochen und unsere Alarmbereitschaft wurde allmählich zur Routine. Trotz des Kriegseinsatzes gingen unsere kindlichen Seiten nicht ganz verloren. Bot sich eine Gelegenheit, einen Schabernack zu treiben, wurde diese sofort ergriffen. Eines Morgens mussten wir außerplanmäßig antreten. Ich war wohl der einzige, der den Grund wusste. Unteroffizier Büttermann vermisste seinen Stahlhelm und verdächtigte mich. Ich hatte den Helm in einer Mondnacht „organisiert", da meiner schon in Rochwitz abhandengekommen war. Sorgfältig hatte ich alle Initialen und andere Merkmale entfernt, die auf den Helm des Offiziers hätten hinweisen können und kam mit Behauptung durch, es sei mein Helm aus der Kleiderkammer in Dresden. 1:0 für mich und vor allem fünf Tage Bau erspart.

In der nächsten Zeit kam es zu keinen Kampfhandlungen und es wurde ein provisorischer Schuldienst aufgebaut. Als Unterrichtsort wurde eine kleine Schlucht auserkoren. Unser Betreuungslehrer hieß Dr. Leonhard, den wir Heranwachsenden nur „Lello" nannten. „Lello" lehrte Biologie (Mendel), Chemie (Schieß-und Sprengstoffkunde) und auch noch Astronomie. So wurden wir in unregelmäßigen Abständen zwischen den Flugzeugabwehrgeschützen und in schulischen Fächern weitergebildet. Wir haben uns gut eingerichtet und es kam Routine in unseren Tagesablauf. Dass wir Jungen natürlich immer wieder versuchten, diese Langeweile zu durchbrechen, lag auf der Hand. Rings um unsere Schulstundenschlucht standen wunderschöne Obstbäume mit herrlichen Früchten. Die Natur hatte es in diesem Spätsommer sehr gut gemeint und so konnten anfangs noch zögerlich, dann mit zunehmender Zeit immer öfter die süßen Früchte vom Baum holen. Einer dieser Versorgungsgänge wäre uns beinahe zum Verhängnis geworden. Mein Kamerad Manfred Schütze und ich aßen uns im Gras sitzend gerade an Pflaumen und den rotbäckigen Renetten satt, als uns ein Bauer sah und verfolgte. Im Laufschritt konnten wir den Bauern schnell abhängen. Als wir uns in unserem Schlucht-Klassenzimmer hinter einigen Sträuchern verstecken konnten, sahen wir kurz darauf, wie sich der schwer atmende Bauer mit unserem Lehrer unterhielt. „Lello" hielt dicht und übergab uns nicht dem verärgerten Bauern.

Das Organisieren von Lebensmitteln gehörte mittlerweile zum festen Bestandteil unseres Tagesablaufs. Gerade wir Jugendlichen litten sehr darunter, dass die Tagesrationen reduziert wurden, da wir für unser Wachstum sehr viel Energie benötigten. Mit zunehmender Zeit wurden wir immer erfinderischer. Unser Lehrer Dr. Leonhard war ein starker Raucher. Gerade bei Zigaretten und Tabak gab es im Spätsommer 1944 einen Versorgungsengpass. Notgedrungen musste eine Alternative gefunden werden. Getrocknete Birkenblätter statt des gewohnten Tabaks wurden in das Zigaretten-papier gedreht. Die passende Marke für den außergewöhnlichen Rauchgenuss war schnell gefunden: „Bahndamm dritte Ernte". Unsere Essensknappheit förderte unsere Kreativität weiter. Wir versuchten, unterschiedliche Naturprodukte miteinander zu mischen, um unsere hungrigen Mägen zu füllen. Nach Tagen der Findungsphase war uns der Durchbruch gelungen. Mit Zuckerrüben und Kartoffeln vom fruchtbaren Acker, mit einer kleinen Beigabe von Margarine, buken wir wohlschmeckende Kartoffelpuffer. Mit der neuen Speise konnten wir unsere hungrigen Mägen bei Engpässen zufriedenstellen.

Unsere Kindersoldateneinheit bestand jetzt schon über ein halbes Jahr. Folgerichtig standen die ersten Beförderungen an. Die Hälfte von uns wurde vom „Luftwaffenhelfer" zum „Luft-waffenoberhelfer" befördert. Durch meine guten Leistungen bei den feindlichen Luftangriffen war ich natürlich auch befördert worden, denn schließlich wurden durch unsere Übermittlungen an die Flakgeschütze einige amerikanische Bomber vom Himmel geholt. Verbunden war die Beförderung mit einem kurzen Urlaub von ein paar Tagen. Diese unverhoffte Freizeit nutzte ich zu einer Fahrt zu meinem Onkel, der in Hecklingen eine große Konservenfabrik besaß. Des Weiteren leitete er noch einen großen Agrarbetrieb in der Börde. Er hatte auch das Privileg, einen Lastwagen zu besitzen. Die Fahrt mit diesem

Vehikel war sehr abenteuerlich, da es sich um einen LKW mit einem Holzgenerater handelte.

Diese Reise tat mir gut, denn hier konnte ich dem Kriegsalltag etwas entfliehen. Neben dem guten und vor allem reichlichen Essen waren es vor allem die Fahrten übers Land mit meinem Onkel, die ich sehr genoss. Bei den Überlandfahrten kam es zu keinen feindlichen Angriffen. Kurz zuvor wurde allerdings Magdeburg von einem sehr schweren Angriff der alliierten Bomberverbände heimgesucht. Es gab schwere Zerstörungen und große Teile der Infrastruktur sind zeitweise zusammengebrochen.

Mit guter Laune und einer Gewichtszunahme von einem Kilogramm traf ich zehn Tage später wieder bei unserer Einheit ein. Unser Soldatenalltag wurde immer mehr zur Routine. Die Alarmbereitschaften häuften sich von Tag zu Tag. Die feindlichen Bomberverbände flogen jetzt fast täglich in das Reichsgebiet ein und brachten mit ihren gewaltigen Spreng-und Brandbomben den Städten und Industrieanlagen große Schäden bei. Wir Luftwaffenhelfer waren jetzt ein knappes Jahr im Einsatz. Mit unseren Messgeräten waren wir weiter für die Verteidigung der Leunawerke zuständig, indem wir unsere Messwerte an die Flakbatterien um das Chemiewerk weitergaben. Mittlerweile wurden viele Flakbatterien um das Leunawerk zusammengezogen. Die exakte Bestimmung der feindlichen Bomberverbände erschwerte sich zunehmend, weil die Alliierten sogenannte „Christbäume" vor jedem Angriff abwarfen. Die Silberstreifen, die von Aufklärungsmaschinen abgeworfen wurden, brachten unsere Messgeräte nachts zu falschen Ergebnissen. Unser Kompaniechef Oberleutnant Willeke war dem großen Druck auf Dauer nicht gewachsen. Bei den immer massiveren Bombardements legte er sich auf die Couch und hielt sich die Ohren zu, bis das Inferno vorüber war. Später wurde er in Torgau wegen Feigheit vor dem Feind inhaftiert. Da wir ein Vorposten der Luftabwehr waren, konnten wir uns weiter sicher fühlen, da die alliierten Verbände ihre Bombenlast erst am eigentlichen Ziel entluden. Es kam nur gelegentlich zu Irrläufern, die uns aber verfehlten. Unsere kindliche Art, sich mit dem Alltag auseinanderzusetzen, brachte uns ein sicheres Gefühl, nicht zu Schaden zu kommen. Unser Routineeinsatz änderte sich allerdings kurz vor Weihnachten 1944.

Teil 3: Sprendlingen

Es war bitterkalt, die Temperaturen lagen bei minus 20 Grad. Wir wurden umgesetzt mit dem Ziel, den Flughafen Rhein-Main bei Frankfurt zu beschützen. Mit allen Geschützen und den Messgeräten, dem Viermeterbasis-Funkmessgerät und „Malsi", wurden wir verladen. In unbeheizten, mit Stroh belegten Viehwagen begann die Fahrt ab Weißenfels. Nach dreitägiger Tages- und Nachtfahrt bummelten wir bei eisiger Kälte in Kelsterbach am Main ein. Gleich nach der Ankunft gerieten wir in einen Luftangriff. Wir hatten unwahrscheinliches Glück, da wir uns lediglich am Rande eines Bombenteppichs befanden. Jetzt war der brutale Krieg bei uns Jugendlichen angekommen.

Wir warfen uns auf den Boden und versuchten, in irgendeine Mulde zu gelangen, die uns zumindest einen kleinen Schutz bieten konnte. Die Einschläge der Bomben ließen den Boden vibrieren und die umherliegenden Gegenstände brachten alles um uns herum zum Zerbersten. Kamerad Bormann wurde stehend von einem Erdklumpen am Kopf getroffen. Obwohl keine Metallsplitter darin waren, verletzte sich unser Freund so sehr, dass er später mit mehreren Stichen genäht werden musste. Keiner meiner Kameraden wurde von umherfliegenden

Gegenständen getroffen. Nachdem wieder etwas Ruhe eingekehrt war, ging es weiter nach Sprendlingen, wo wir eine neue Stellung aufbauen sollten. Untergebracht wurde unsere Kindereinheit bei Familien des Ortes. Den Tag verbrachten wir in der zwei Kilometer entfernten Stellung, den Abend blieben wir bei unseren Gastfamilien. Bei Fliegeralarm mussten wir die zwei Kilometer weite Strecke im Laufschritt bewältigen. Da wir auf unterschiedliche Quartiere verteilt wurden, funktionierte das mit dem Alarm nicht so gut und deshalb wurden wir nach kurzer Zeit aus unserem Paradies umgesiedelt und bei Familien etwas außerhalb des Ortes untergebracht.

Die Nähe zu unserer Stellung gewährleistete wieder eine schnelle Mobilmachung. Der Sache nicht dienlich und für unsere Moral belastend war das neue Quartier unserer Offiziere, die sich in ein nahegelegenes Bauerngut einmieteten. Der Januar 1945 war einer der kältesten Winter der Neuzeit und so litten wir Jugendlichen unter den extremen Temperaturen. Erfrierungen an Gliedmaßen waren an der Tagesordnung. Überraschende Hilfe bekamen wir von sowjetischen Gefangenen, die uns beim Aufbau der neuen Stellung unterstützten. Auch hier befanden sich junge Menschen, die fern ihrer Heimat die Grausamkeit des Krieges erleben mussten. Der Aufbau der neuen Stellung zog sich einige Tage hin und so verpassten wir fast unseren ersten Jahrestag der Einberufung. Am 14- Januar 1945 begingen wir diesen Jahrestag. Keiner fehlte oder kam groß zu Schaden. Welch ein Glücksmoment! An diesem besonderen Tag spielten wir „Stupfsinn", liefen im Kreis herum und sangen: "Kas und Brot, das tut goot und e Döppel Buttermilch das ist goot"!

Der Tag verging und die Realität des Krieges hatte uns am nächsten Tag bereits wieder eingeholt. Zum einen flohen unsere russischen Gefangenen, zum anderen mussten wir in den frühen Morgenstunden unseren ersten Einsatz durchführen. Jetzt war unsere Einheit unmittelbar in der Flakstellung integriert und wir bekamen alle Feindseligkeiten hautnah mit. Der Lärm in der Stellung war kaum auszuhalten und das Durcheinander war nicht zu übersehen, da auch hier vermehrt Minderjährige eingesetzt wurden. Durch unser beherztes Schießen konnten wir einen feindlichen Verband zu einer Kurskorrektur bewegen. Nach gefühlten 10 Minuten war der Spuk vorbei und wir konnten uns wieder dem Alltag widmen. Die feindlichen Übergriffe häuften sich, da die Westfront langsam zusammenbrach und die Alliierten unmittelbar vor uns standen. Vermehrt griffen jetzt Tiefflieger an. Am besten verteidigen konnten wir uns gegen die gefährlichen Flugobjekte, indem wir die Zünder der Granaten auf die Entfernung von 800 Metern einstellten, um sie dann zur Explosion zu bringen. Der Krieg war jetzt voll bei uns angekommen. In der Nacht zum 14. Februar 1945 mussten wir fünfmal zum Einsatz. Auf einer Flakkarte verfolgten wir den Kurs großer Bombergeschwader. Als das Trapez MH 8/8 (Martha Heinrich) im Flaksender genannt wurde, wussten wir, dass der Abgriff unserer Heimatstadt Dresden gelten würde, und das zweimal! Am 14. Februar 1945 flog eine dritte Angriffswelle Richtung Dresden, am helllichten Tage. Das geschah zwischen Marburg und Gießen, für uns unerreichbar, da die Verbände auf einer Flughöhe von ca. 7.000 Metern unterwegs waren, wir aber nur über eine Reichweite von ca. 4.000 Metern verfügten, in Kartenebene gerechnet.

Schon länger hatte ich mir Gedanken gemacht über den Sinn des Krieges. Nun wo die Nachrichten von unseren in Dresden verbliebenen Familien ausblieben, wuchsen unsere Ängste und Sorgen. Verstärkt wurde unser Unbehagen durch den Reichssender, der im Rundfunk den gemeinen Angriff auf die Zivilbevölkerung als barbarischen Akt darstellte. Gerüchte machten die Runde, dass der Angriff auf die mit einer Million Einwohner und vielen Flüchtlingen aus dem Osten überfüllte Elbmetropole viele Tote und Verletzte forderte. Fortan lebten wir Heranwachsende mit einer schweren Hypothek.

Mit der Ungewissheit über die Schicksale unserer Familien konnten nicht alle Schulkameraden gleich umgehen. Wir mussten uns gegenseitig immer wieder Mut und Hoffnung zusprechen. Geholfen haben wir uns aber auch mit Streichen und unserer jugendlichen Unbekümmertheit. Uns war bekannt, dass unsere Vorgesetzten in ihrem Depot neben anderen Köstlichkeiten viele Flaschen guten Weines besaßen. Mit Mut und Einfallsreichtum organisierten wir uns einige Flaschen und genossen den Wein mit Hochgenuss. Natürlich blieb dieser dreiste Vorgang nicht unbemerkt und so mussten wir „Kleinen" am nächsten Morgen antreten. Der Verdacht viel sofort auf mich und ich sah mich einer kniffligen Befragung ausgesetzt. Angeblich hatte man mich im Halbdunkel gesehen. Der Verdacht konnte aber letztlich nicht aufrechterhalten werden und so wurde die „Anklage" gegen mich wieder fallen gelassen. Solche Aktionen brachten uns Kinder wieder in unsere eigene Welt zurück und die Sorgen über unsere Familien in Dresden konnten etwas zerstreut werden.

Die Zuversicht, den Krieg doch noch zu gewinnen, schwand von Tag zu Tag und wir schmiedeten schon erste Pläne für einen Neuanfang. Aber bis es so weit war, mussten wir noch einige Strapazen über uns ergehen lassen. In dieser Phase bekam mein Freund Hans auf einmal Pickel am ganzen Körper. Unser Militärarzt diagnostizierte einen Hautausschlag. Die

Diagnose war falsch, denn in kürzester Zeit bekam unser gesamter Flakhelferzug die gleichen Symptome. Die Erklärung war im Nachhinein ganz einfach. Wir hatten alle Läuse! Unsere komplette Mannschaft wurde schnellstens nach Frankfurt in die Kaiserstraße gebracht. Dort wurden wir entlaust, unsere Uniform und die gesamte Kleidung wurden mit Gas behandelt, so dass die kleinen Krabbeltierchen nicht weiter ihr Unwesen treiben konnten.

Zurück in der Stellung ging der Alltag weiter. Das Schöne dabei waren die Temperaturen, die in der Rhein-Maingegend Ende Februar 1945 bereits zweistellige Plusgrade aufwiesen. Wir konnten uns in der Sonne aalen, wenn es die Zeit erlaubte.

Teil 4: Fronteinsatz, Rückzug, Heimkehr

Das Artilleriegeräusch von der immer näher rückenden Front wurde immer lauter und die Kämpfe nahmen an Heftigkeit weiter zu. Jetzt bekamen wir den Marschbefehl, mit unserer Geschützstaffel an die vorderste Front zu ziehen. Die nach wie vor vorhandene, natürliche kindliche Angst äußerte sich, indem wir uns immer wieder neuen Mut zusprachen. Wir sollten bei Griesheim die alleierten Panzer abschießen. Dass dieses Unterfangen nur schwer umsetzbar war, stellte sich schnell heraus. Auf einer kleinen Anhöhe unweit von Griesheim kamen unsere Lastkraftwagen zum Stehen. Es war bereits später Nachmittag bis der neue Standort gesichert werden konnte. Einige unserer Kameraden wurden als Wache eingeteilt, der Rest konnte an einer nahegelegenen Kaserne übernachten. Erschwerend kam hinzu, dass die Front mit allen ihren Gefahren nur noch wenige Kilometer von uns entfernt war. In dieser Nacht machten wir kein Auge zu, denn die gewaltigen Explosionen ließen uns in den Notbetten jedes Mal in die Höhe schnellen. Helle Lichtblitze und dumpfe Einschläge in der unmittelbaren Umgebung ließen am nächsten Morgen nichts Gutes erwarten. Und so war es dann auch. Fast unser komplettes Messsystem mit den dazu passenden Gerätschaften wurde in der Nacht von der feindlichen Artillerie zerstört.

Auch der komplette Flak-Zug wurde ein Opfer des nächtlichen Angriffes. Da wir jetzt unserer eigentlichen Stärke beraubt waren, wurden wir anderen Sturmeinheiten zugeteilt. Noch am gleichen Tag landete ich mit meiner Messstaffel an vorderster Front. Jetzt war instinktives Handeln gefordert. Unzählige Granateneinschläge und Maschinengewehrsalven wechselten sich in kürzester Zeit ab und so kam ich immer wieder in lebensbedrohende Situationen, die ich mit Glück und Geschick, aber vor allem mit einem sehr großen Schutzengel ohne körperliche Schäden überstehen konnte. Mir wurde es mehr mehrmals schummrig und die Hoffnung, meine Heimatstadt Dresden wiederzusehen, schwand mit jedem Einschlag in meiner Nähe. Bei der ersten Feuerpause leiteten wir selbständig den Rückzug ein. Unser loser Verband konnte auf Grund fehlender Gerätschaften keiner Kampfeinheit zugeordnet werden und so gelangten wir einige Kilometer hinter die Front.

Von meinen über 100 Schulfreunden waren nur noch wenige bei mir. Völlig übermüdet bewegten wir uns zu Fuß weiter Richtung Osten. Aber auch hier blieben wir nicht lange zusammen, da es unterschiedliche Anschauungen gab. Einige versuchten über Fulda, dem kürzesten Weg, nach Dresden zu gelangen. Wie sich später herausstellte, war das nicht die beste Lösung, denn auf dieser Strecke waren bereits die Alliierten sehr schnell unterwegs. Und so gerieten viele meiner Schulkameraden in Gefangenschaft und mussten über vier Monate in französischen Bergwerken arbeiten. Andere wurden von der SS aufgegriffen, mit Panzerabwehrkanonen ausgestattet und wieder an die Front geschickt. Einige erreichten nach wochenlangen Fußmärschen unsere Heimatstadt Dresden. Drei meiner Schulfreunde sahen ihr Zuhause nicht mehr und wurden Opfer des Krieges. Bei einem Artillerieangriff, der von Tieffliegern unterstützt wurde, erlosch ihr noch so junges Leben, ohne jemals erwachsen geworden zu sein.

Im Nachhinein hatte ich mit dem Entschluss, mich einer Gruppe anzuschließen, die von einem erfahrenen Feldwebel geleitet wurde, die richtige Entscheidung getroffen. Mit einem Marschbefehl schlugen wir uns ohne Feindkontakt von Hessen bis nach Regensburg durch. Von SS-Verbänden hielten wir uns fern. In Mühlheim setzten wir über den Main, gingen über Schlüchtern und Gelnhausen bis zum großen Truppenübungsplatz Wildflecken. Da uns die Alliierten schon recht nahekamen, bogen wir Richtung Süden ab, landeten in Haßfurt und konnten sogar bis Bamberg mit der Eisenbahn fahren. Wenig später erreichten wir Nürnberg. Dort sahen wir zum ersten Mal, was der Bombenterror der amerikanischen und englischen Bomberverbände aus einer mit vielen Sehenswürdigkeiten bestückten Großstadt gemacht hatte. Ruinen, Schutt und Asche prägten jetzt das Stadtbild der fränkischen Metropole. Die Bevölkerung hauste in den noch ganz gebliebenen U-Bahnschächten.

Dieser Anblick lenkte meine Gedanken wieder nach Dresden. Wir schrieben den 10. April 1945. Die Bombardierung meiner Heimatstadt zwei Monate zuvor hatte einige Spekulationen bei uns Heranwachsenden hervorgerufen. Weder ich noch meine Schulfreunde hatten seit diesem Zeitpunkt irgendein Lebenszeichen von unseren Angehörigen erhalten. Man musste mit dem Schlimmsten rechnen. Am 12. April 1945 erreichten wir Regensburg. Sofort nach der Ankunft ertönte Fliegeralarm. Man schickte uns ohne große Zuordnung auf eine kleine Anhöhe. Dort stand eine Vierlingsflak und wir fühlten uns sicher. In Regensburg hatten wir keine ruhige Minute, denn bereits am Abend wurden wir am Bahnhof weiter beschossen. In der gleichen Nacht fielen noch zwei Brücken den nicht endenden Bombenteppichen zum Opfer. Von den Schulfreunden, die auszogen, den Krieg doch noch zu gewinnen, blieben gerade noch drei übrig. Am nächsten Tag setzen wir über die

Donau. Dort stand noch einer der wenig intakt gebliebenen Züge bereit, der uns drei in Richtung Dresden bringen sollte. Der Zug war überfüllt mit alten und verletzten Menschen. Für uns Kindersoldaten blieb dann nur noch ein freies Trittbrett außerhalb der Sitzplätze übrig.

Teil 5: Ankunft in Dresden, Kriegsende

Wir waren sehr froh über diese letzte Gelegenheit, die von den Bombenangriffen größtenteils zerstörte Stadt noch gesund verlassen zu können. Rund um den Bahnhof und beim Gang durch die Prager Straße erkannten wir die ganze Wucht der Zerstörung durch die Angriffe des 13. und 14. Februar 1945. Uns war klar, dass bei so einer Zerstörung wohl Zehntausende von Menschen getötet, zerfetzt, verbrannt und erstickt worden waren. Es hielten sich zu diesem Zeitpunkt der Luftangriffe etwa eine Millionen Menschen in der Stadt auf, die meisten im Umkreis des Bahnhofes und in der Innenstadt. Die Häuser der Prager Straße waren nicht nur zerstört, sondern regelrecht verbrannt. Am Pirnaischen Platz, soweit dieser noch erkennbar war, verabschiedete ich mich von meinen Begleitern. Jeder von uns hatte jetzt nur noch ein Ziel: sein Elternhaus!

Ich marschierte Richtung Loschwitz und erreichte nach einigen Umwegen noch bei Tageslicht den Körnerplatz. Es war ein Gang durch eine Ruinenstadt. Kein Haus war unversehrt geblieben. Auch die Schäden an den Straßen waren unübersehbar, Viele Menschen suchten in den verfallenen Häusern nach irgendetwas Brauchbarem. Ecke Grundstraße/Veilchenweg in Loschwitz begegnete ich Nachbarn, die nicht weit von meinem Elternhaus am Veilchenweg wohnten. Sie berichteten mir, dass unser Haus durch eine Luftmine, die am Elbhang niedergegangen war, stark beschädigt worden war. Die Veranda würde aussehen wie ein zusammengestürzter Vogelkäfig. Zu meiner großen Freude und Erleichterung fügten sie aber sofort hinzu, dass meine Eltern und mein dreizehnjähriger Bruder wohlauf waren. Sie seien bei dieser gewaltigen Explosion mit dem Schrecken davongekommen. Ich eilte den Veilchenweg hinauf und feierte mit meiner Familie ein glückliches Wiedersehen, bei dem es sehr viel zu besprechen gab.

Wir tauschten uns aus über meine Kriegserfahrungen und die Geschehnisse in meiner Heimatstadt und schnell fühlte ich mich wieder geborgen zuhause. Mir lief es eiskalt den Rücken hinab, als mein Vater seine Eindrücke von den brutalen Luftangriffen des 13. und 14. Februar 1945 schilderte. Kurz nach 21 Uhr hatte es Luftalarm gegeben, mein Vater hatte aber nicht erwartet, dass es tatsächlich zu einem Ernstfall kommen würde. Nur mit dem Nötigsten in der Hand gingen meine Eltern und mein Bruder in den Keller unseres Hauses. Es stand auf einer Anhöhe im Löschwitzer Hang. An diesem Tag war aber alles anders als die Tage zuvor. Denn bereits als die Sirenen noch liefen, gab es die ersten Detonationen. Gegen 21 Uhr 30 begann der Bombenterror und dauerte gute 30 Minuten. In dieser kurzen Zeit warfen mehrere hundert feindliche Bomber etwa 450.000 Stabbrandbomben und Phosphorkanister ab. Das Inferno wurde noch gesteigert durch den Abwurf von Luftminen und Sprengbomben.

Eine dieser Luftminen, die in unmittelbarer Nähe unseres Wohnhauses am Hang explodierte, verwandelte unser Haus in Bruchteilen von Sekunden in eine Ruine. Türen, Fenster Dachziegel und das Vordach wurden in tausend Stücke gerissen. Nur die Mauern überstanden die Druckwellen. Der überhelle Blitz und die überlaute Explosion beeinträchtigen kurzweilig das Gehör meiner Eltern und meines Bruders. Das, was sie nach dem halbstündigen Bombardement noch sahen, war unvorstellbar. Der Veilchenweg, der auf einer Anhöhe in Löschwitz verläuft, war der ideale Standpunkt, um sich einen Überblick über die brennende Innenstadt der Elbmetropole zu verschaffen. Was meine Eltern nicht sehen konnten, war das Chaos, das sich in den Straßen der Stadtmitte abspielte. Die Straßen und Plätze waren von den vielen nach Dresden geflüchteten Menschen überfüllt und verstopft. Straßenbahnen, Autos und Pferdegespanne, die defekt die Straßen säumten, ließen die Rettungskräfte nur sehr schwer an die Verwundeten herankommen.

Große Panik kam auf und ein bis dahin ein unvorstellbares Leid traf die Bevölkerung völlig unvorbereitet. Die Phosphorkanister zerplatzten beim Aufprall und brachten alles um sich herum sofort zum Brennen. Als brennende Fackeln wurden die Menschen von der enormen Hitze in Bruchteilen von Sekunden getötet. Dass sich zu diesem Zeitpunkt über eine Million Menschen in der Stadt aufhielten, die zum Teil keine feste Behausung hatten, erschwerte die ganze Sache um ein Vielfaches. Gegen 22 Uhr inspizierte mein Vater die Schäden unseres Hauses. Er konnte trotz der Dunkelheit die Größe des Schadens sofort feststellen.

Gegen Mitternacht kamen meine Eltern und mein Bruder bei den Großeltern unter, deren Haus vom Bombenterror verschont geblieben war. Vom Wachwitzer Höhenpark aus konnte man die vielen brennenden Gebäude der Stadt gut erkennen. An Schlaf war in dieser Nacht nicht zu denken und so lag meine Familie in den Betten der Großeltern auf dem Flur. Ohne Sirenenwarnung, aber durch ein immer lauter werdendes Brummen angekündigt, kam wieder Angst bei ihnen auf. In kürzester Zeit bestätigte sich das eigentlich Unvorstellbare, nämlich einen weiteren Bombenangriff auf eine noch größtenteils brennende Großstadt zu fliegen. Was an Perversität nicht vorstellbar war, trat tatsächlich ein. In den nächsten 20 Minuten wurden weitere 300.000 Brandbomben, unzählige Phosphorkanister, etwa 10 000 Sprengbomben und Luftminen in eine bereits in Flammen stehende Stadt geworfen.

Ohne Vorwarnung und ohne Gegenwehr donnerten die alliierten Bomber über die überfüllte Stadt und ließen ihre tödliche Fracht ein weiteres Mal auf die schutzlose Bevölkerung fallen. Tausende von Menschen, die nach dem ersten Inferno an die Elbwiesen geflüchtet waren, wurden jetzt Opfern. Die zweite Welle verwandelte mit ihren Sprengbomben die Wiese in ein Schlachtfeld, das von Tausenden von Leichen übersät war. Am nächsten Morgen glich Dresden einem brennenden Hochofen, dessen Rauchwolken über zehntausend Meter hochstiegen. Die unmenschliche Grausamkeit, dass Menschen, von welchen Motiven auch geleitet, 12 Stunden nach einem verheerenden Angriff eine weitere Bomberwelle über die bereits lichterloh brennende Stadt Dresden fliegen ließen, war nicht zu begreifen. Diese Erzählungen meines Vaters hinterließen bei mir tiefe Spuren, spätestens jetzt war die Unbekümmertheit meiner Jugend verloren.

Kaum hatte ich mich zu Hause wieder ein bisschen eingelebt, gab es schon wieder Fliegeralarm, den wir dann im Keller des Nachbarhauses durchlebten. Ich erkannte bei meinen Eltern eine große Angst, die wohl aus dem mit großem Glück überstandenen Luftminenschäden zu tun hatte. Aber auch ich erinnerte mich an den schweren Luftangriff, den ich in Merseburg überlebt hatte. Meine Kriegserlebnisse verfolgten mich in den nächsten Nächten und mehrmals schreckte ich im Traum auf. Glücklicherweise stiegen die Temperaturen im April 1945 ins Zweistellige und so konnten wir in unserer Bauruine mit einfachsten Mittel einigermaßen leben. Keine Fenster keine Türen, kein Strom, und trotz alledem war ich glücklich und zufrieden, wieder zuhause zu sein.

Eine Woche vor Kriegsende musste ich mich noch einmal beim Wehrkreiskommando Dresden Nord melden. Dort standen in langen Reihen viele Soldaten aus allen versprengten Waffengattungen, um noch einmal zum letzten Gefecht anzutreten. Sollte ich wirklich dorthin gehen, ins Protektorat, wo der schizophrene General Tschörner noch nach dem 8. Mai 1945 weiterkämpfte? Nein! Ich drehte um und schlich nach Hause und versteckte mich dort bis zum Waffenstillstand. Dieses Unterfangen war mit einem enormen Risiko verbunden. Hätte mich die SS zu Hause aufgegriffen, wäre ich sicherlich am nächsten Laternenpfahl erhängt worden. Zum Glück konnte ich diese wenigen Tage aber noch unbeschadet überstehen.

Weniger Glück hatte einer meiner Schulfreunde, der es mit mir bis Dresden geschafft hatte. Er wurde vom Wehrkreiskommando noch einmal eingezogen und ist vermutlich in Böhmen gefallen. All die Kameraden, die in der langen Schlange standen und noch einmal in den Krieg ziehen mussten, starben in den letzten Kriegstagen einem sinnlosen Tod.

Mein Schulfreund Günter Schramm, der mit mir vor zwei Wochen Dresden erreicht hatte, konnte sich im letzten Moment mit einer Finte vor dem Fronteinsatz retten und ein erfülltes Leben genießen. Meine Entscheidung zur Desertation war damals das Klügste, was ich tun konnte. Es war die Grundlage für einen Neuanfang.

Nachwort

Die Desertation kurz vor Kriegsende sicherte mein Überleben und war Grundlage für einen Neuanfang. Nach dem Abitur im März 1947 war ich bis zum Renteneintritt im Gartenbau tätig, unter anderem mehrere Jahre als Arbeitsökonom im großen Gemüse-kombinat Wollup im Oderbruch und als Vorsitzender einer gärtnerischen Produktionsgenossenschaft in Dresden.

Als Rentner widme ich mich noch der Pflege gärtnerischer Anlagen in der Loschwitzer Sozialstation „Bülow" und betreibe Leicht-athletik im Seniorenbereich mit nationalen und internationalen Starts und akzeptablen Erfolgen (viele Medaillen) als Sportler der zweiten Reihen im hohen Alter.